# BEI GRIN MACHT SICH IHR WISSEN BEZAHLT

AF145188

- Wir veröffentlichen Ihre Hausarbeit,
  Bachelor- und Masterarbeit

- Ihr eigenes eBook und Buch -
  weltweit in allen wichtigen Shops

- Verdienen Sie an jedem Verkauf

## Jetzt bei www.GRIN.com hochladen und kostenlos publizieren

**Bibliografische Information der Deutschen Nationalbibliothek:**

Die Deutsche Bibliothek verzeichnet diese Publikation in der Deutschen National-
bibliografie; detaillierte bibliografische Daten sind im Internet über http://dnb.d-
nb.de/ abrufbar.

**Impressum:**

Copyright © 2017 GRIN Verlag, Open Publishing GmbH
Druck und Bindung: Books on Demand GmbH, Norderstedt Germany
ISBN: 9783668504769

**Dieses Buch bei GRIN:**

http://www.grin.com/de/e-book/372938/familienkult-hauskult-und-defixiones-in-
der-roemischen-religionsgeschichte

Winfried Kumpitsch

# Familienkult, Hauskult und Defixiones in der römischen Religionsgeschichte

GRIN Verlag

## GRIN - Your knowledge has value

Der GRIN Verlag publiziert seit 1998 wissenschaftliche Arbeiten von Studenten, Hochschullehrern und anderen Akademikern als eBook und gedrucktes Buch. Die Verlagswebsite www.grin.com ist die ideale Plattform zur Veröffentlichung von Hausarbeiten, Abschlussarbeiten, wissenschaftlichen Aufsätzen, Dissertationen und Fachbüchern.

## Besuchen Sie uns im Internet:

http://www.grin.com/

http://www.facebook.com/grincom

http://www.twitter.com/grin_com

# Familien-, Hauskult und Defixiones

Referat

## Inhaltsverzeichnis

# Einleitung

Wenn man sich mit antiker, genauer gesagt, mit römischer Religionsgeschichte beschäftigt, so ist die größte Herausforderung, natürlich nach der üblichen Quellenproblematik (Woher Informationen?, Wie verlässlich die Quellen? usw.), das Faktum, dass die Informationslage kein durchgehendes Bild von der Entwicklung der römischen Religion bildet. Es sind hauptsächlich schlaglichtartige Informationen über das, was wir als religiöses Leben bezeichnen würden.

Abgesehen von einigen wenigen Themen, die im Verlaufe der römischen Antike immer wieder zu unterschiedlichen Zeiten von unterschiedlichen Personen behandelt werden, ist der Großteil an Phänomenen nur wenige Male fassbar. Durch diesen Umstand wiederum ergibt sich die Problematik, dass der Historiker nun zwar weiß, wie z. B. ein bestimmtes Ritual im 2. Jhdt. v. Chr. vollzogen worden ist, er daraus aber nicht ableiten kann, dass 100 Jahre davor es vollkommen ident praktiziert wurde, aber auch nicht mit Sicherheit wissen kann, dass es 100 Jahre danach ebenfalls genauso durchgeführt worden ist.

Zwar kann man zurecht einwerfen, dass der beständigste und sich am langsamsten verändernde Bereich derjenige der kultischen Praxis ist, aber auch jeder Ritus unterliegt der Veränderung, wobei natürlich immer von den Ausübenden postuliert wird, dass die Art, wie sie ihn vollziehen, die richtige ist. Weshalb von diesen wenig Interesse besteht zu dokumentieren, wie der Ritus früher ausgeübt worden ist, sofern man nicht die eigene Praxis dadurch legitimieren möchte, dass sie eine „falsche" oder „unzivilisierte" abgelöst hat.

Gilt diese Problematik für die gesamte römische Religionsgeschichte, so gilt sie umso mehr für die einzelnen Teilbereiche, wie in diesem Fall für den Familien- und Hauskult und der Defixionspraxis. Ziel dieser Arbeit kann nicht sein, ein umfassendes und detailliertes Bild des religiösen Lebens abseits des römischen „Staats- und Tempelkultes" zu zeichnen, sondern zu versuchen die Trennlinien zwischen „öffentlichen" und „privaten" sichtbar zu machen und einige charakteristische Aspekte aufzuzeigen.

Aus quellentechnischen Gründen soll in dieser Arbeit, sofern es den Hauskult betrifft, nur die Oberschicht und ihre Landgüter betrachtet werden, während für die Defixionen eine Differenzierung des gesellschaftlichen Status nicht erbracht werden kann.

# I.  Sacra Privata: Haus- und Familienkult

## 1. *Sacra publica – sacra privata*

Unter *sacra publica* versteht man das rituelle Handeln in einem öffentlichen Rahmen, welches sowohl durch den räumlichen Aspekt, als auch durch den Handlungsträger charakterisiert wird.[1] Die räumliche Charakterisierung erfolgt dadurch, dass das Ritual auf einem öffentlichen, für alle, die daran teilnehmen wollen, zugänglichen Platz stattfindet. Handlungsträger sind hierbei staatliche Priester (All jene Priesterschaften, deren Collegiae aus den Gentes gestellt werden.) und/oder Magistrate.

*Sacra privata* bezeichnet im Gegensatz dazu all jene Kulte die, wie oben definiert, "nicht öffentlich", ausgeübt werden. Dazu gehören nicht nur der Hauskult, sondern auch die Vereins- und Mysterienkulte.

## 2. Hauskult

In der Antike wurden Haus und Familie als Miniaturform des Staates gesehen. Daher verwundert es nicht, dass im Hauskult der *pater familias* der kultische Handlungsträger war. Welche Götter als Tutelargottheiten verehrt wurden entschied der *pater familias*, wobei vom sozialen Umfeld darauf geachtet wurde, dass dabei nicht gegen das *mos maiorum* verstoßen wurde. Denn der *pater familias* hatte die von seinem Vorgänger ererbten *sacra* weiterzupflegen und an seinen Nachfolger weiterzugeben![2]

Diese Pflicht zur Übernahme der *sacra* wurde in der späten Republik als Last gesehen, sodass es als Glücksfall galt, wenn man keine *sacra* ererbte.[3] Gleichzeitig ging aber, wenn es keinen geeigneten Erben gab, beim Tod des *pater familias* die häuslichen Kulte zugrunde, was jedoch z. B. Cicero dem Clodius zum Vorwurf machte:

> „Und weiter: Warum läßt du, was an dir liegt, die Familienkulte der Gens Clodia untergehen? [...] Adoptionen, die, wie bei vielen anderen zu Vererbung des Namens, des Vermögens, der Familienkulte führten. Du [Clodius] bist jetzt weder ein Fonteius, wie du es eigentlich sein müßtest, noch deines Vaters Erbe, noch nach Verlust deiner von Vater überkommenen Kulte in die neuen, durch die Adoption erworbenen, eingetreten. So hast du die Kulte zerstört, die Geschlechter entehrt, sowohl das, das du verlassen hast, wie auch das, du besudelt hast, [...]." Cic. dom. 34-35 (ÜS Manfred Fuhrmann)

Am Landgut ist für die *familia* auf Anweisung des *dominus* der *vilicus,* seltener die *vilica,* für den korrekten Vollzug verantwortlich. Laut Cato maior hatten Kränze, Weihrauch und Wein,

---

[1] Mary Beard; John North; Simon Price: *Religions of Rome. 2. A sourcebook.* Camebridge, 1998, S. 48.
[2] Cic. leg. 48; vgl. Beard, 1998 S. 49.
[3] Cic. leg. 51.

an allen Kalenden, Nonen, Iden und anderen Festtagen am Herd, von der *vilica*, dargebracht zu werden.[4]

In der Theorie hatte im Haus also der *pater familias* die unumschränkte Gewalt über die religiösen Belange. In der Praxis allerdings wachte die Gesellschaft darüber, dass der *pater familias* nicht gegen das *mos maiorum* verstieß, denn natürlich erkannte man im antiken Rom welche Gefahren vom religiösen Individualismus der Bürger ausgehen könnte. So verwundert es nicht, dass Cicero, obwohl er in seiner Rede *De domo sua ad pontifices* festhält:

> *„Was ist in höherem Grade unverletzlich, was durch jede religio geschützter als das Privathaus (domus) eines jeden einzelnen Bürgers? Hier gibt es Altäre, hier Herde, hier Hausgötter, hier gibt es Kulte (sacra), religiöses Brauchtum (religiones), rituelle Zeremonien, hier ist ein für alle so unverletzbarer Zufluchtsort (sanctum), daß niemand von dort entführt werden darf."* Cic. dom. 109 (ÜS M. Fuhrmann)

später in seiner Schrift *De legibus*, in Anschluss an Platon fordert, dass:

> *„19. Niemand soll für sich allein Götter haben, weder neue noch auswärtige, außer den staatlich eingeführten. Privat zu Hause soll man nur die Götter kultisch verehren, die man nach Brauch von den Vätern ererbt hat. [...] 25. Wenn man seine eigenen, neue oder fremde Götter verehrt, so bedeutet dies eine Gefährdung ordnungsgemäßer Religionsausübung [...]."* Cic. leg. II 19; 25-26 (ÜS R. Nickl)

Wie aber war es der Gesellschaft möglich festzustellen, was hinter verschlossenen Türen stattfand? Die Antwort ist ganz einfach: es gab keine geschlossenen Türen.

Einerseits bestand durch den römischen Festkalender, wie wir an ein, zwei Beispielen noch sehen werden, stets eine Verbindung zwischen der *sacra publica* und dem Hauskult. Zahlreiche Kultfeste bestanden aus im *domus* zu praktizierenden Riten und einem öffentlichen zelebrierten Fest-/Kultakt.[5] Andererseits waren auch die auf das *domus* beschränkten Riten so geartet, dass die „rechtmäßige" Durchführung zumindest im Nachhinein überprüft werden konnte. Primäres Element sowohl für den Hauskult, als auch für die Überprüfung war der Herd des *domus* bzw. das Lararium.

### 2.1. Herd – Lararium

Der zentrale Ort des städtischen Hauskultes war der Herd[6], an dem hauptsächlich Weihrauch- und Trankopfer dargebracht wurden.

Im Laufe der Zeit kam dann das Lararium im städtischen *domus* hinzu. Auch am Lande spielte der Herd eine zentrale Rolle, daneben gab es außerdem noch das *compitum*, ein an

---

[4] Cat. agr. CLII/143, 1-2.
[5] Beard, 1998 S. 50-51.
[6] Cat. agr. VII/ 5, 3; Cat. agr. CLII/143, 1-2.

4

Wegkreuzungen stehender Altar, eine Kapelle oder ein anderes Mal[7], das im Kult der *Lares compitales* eine zentrale Rolle spielte und daher bei den Lares kurz besprochen werden soll.

Nach römischer Vorstellung waren sowohl die *Lares,* als auch die *di Penates,* von Aeneas von Troja nach Italien gebracht worden.[8] In manchen reichen Häusern hatte die *familia* in den abgeschiedenen Räumen ihr eigenes Lararium, während die Familie das ihrige im Atrium hatte, wo auch die *imagines* standen.

Das Lararium war eine Art Hausaltar, gemalt oder gemauert. Der Name Lararium kommt daher, dass in ihm die kleinen Statuetten, welche die *Lares* darstellten, standen. Außerdem befanden sich dort noch die *di Penates* und die Tutelargottheiten, ebenso waren Genius und Juno meist als gemalte Schlangen bildlich anwesend. Bei einem gemalten Lararium waren hingegen alle genannten Gruppen gemalt. Als zusätzlicher Schmuck dienten gemalte oder reale Bänder, Blumensträuße und Girlanden, vom welchen allerdings verständlicherweise höchsten nur mehr Girlandenhalterungen erhalten sind.[9]

Das Lararium stand also zusammen mit den *imagines* im Atrium. Durch diesen Standort wurden zwei Funktionen erfüllt. Einerseits konnte der *pater familias* all seinen Klienten, die im Rahmen der morgendlichen *salutatio* anwesend waren, während der *patronus* die morgendliche Zeremonie vollzog und seinen Besuchern zeigte, wie vorbildlich er seine Verpflichtung zur *pietas* erfüllte (Schmuck, Opfergaben), andererseits, und vermutlich nicht bewusst, ermöglichte genau dieser Umstand auch die soziale Kontrolle, denn ein offensichtlich nicht gepflegtes oder mit ungewöhnlichen Gottheiten bestücktes Lararium würde natürlich sofort bemerkt werden, was natürlich Konsequenzen für den *pater familias* haben konnte.

### 2.2. *Lares* (Familiaris)

Die *Lares* sind von ihrem Ursprung her vermutlich ortgebundene Flurgeister.[10] Am Lande wurden sie ursprünglich am *compitum,* ein an Wegkreuzungen stehender Altar, eine Kapelle oder ein anderes Mal verehrt[11].

Ihr Hauptfest hatten sie als *Lares compitalis* an den *Compitalia,* einem Wandelfest, dass kurz nach den Saturnalien gefeiert wurde und an dem am Vorabend in den *compita,* Bilder, ein Bild pro Freiem im Haus und Wollknäuel, ein Knäuel pro Sklaven im Haus, aufgehängt

---

[7] Udo W. Scholz: *DNP III* (2007) Sp. 110 s.v. Compitum.
[8] Beard, 1998 S. 3.
[9] Christoph Höcker: *DNP VI* (1999) Sp. 1145- s.v. Lararium.
[10] Georg Wissowa: Religion und Kultus der Römer. *HdbA* 5.4., München, 1902, S. 169.
[11] Udo W. Scholz: *DNP III* (2007) Sp. 110 s.v. Compitalia.

wurden.[12] Spätestens im 2. Jhdt. v. Chr. hatte dieses Fest, zumindest aus Sicht der städtischen Oberschicht, den Charakter eines Sklavenfestes angenommen, denn Cato maior lässt in seinem Werk *De agricultura* dezidiert den *vilicus* die notwendigen Riten am *compitum* oder am Herd vollziehen.[13] So erwähnt Cicero in einem seiner Briefe an seinen Freund Atticus, dass er an den *Compitalia* nicht auf sein Landgut fahre, um nicht seinen Sklaven bei der Feier zu stören.[14]

Durch die zunehmende Verstädterung wurde im Gegensatz zu den im Plural auftretenden *Laris compitalis* des Landhauses, im Stadthaus der *Lar familiaris* verehrt. Ähnlich wie die *compitales* war der *Lar familiaris* für Schutz und Wohlergehen der Bewohner seines Hauses zuständig.[15] Darum brachte man bei Ankunft auch dem *Lar* des Hauses ein Opfer dar.[16] Neben dem regelmäßig stattfindenden Opfern von Weihrauch, Wein und Blumenkränzen hatten dem *Lar* auch zu bestimmten Ereignissen Opfer dargebracht zu werden.

Beim Eintritt in das Erwachsenenalter weihten Mädchen ihre Puppen und Spielsachen sowie bestimmte Stücke ihrer Kinderkleidung[17] und Knaben ihre *bullae* dem *Lar familiaris*. Aber auch ein Sklave hatte bei seiner Freilassung ein Opfer zu bringen, welches aus seinem Sklavenstrick bestand. Bei der Hochzeit opferte die Braut einen ihrer drei Asse dem *Lar* und einen am Herd.[18] Sowohl bei Geburt, als auch bei einem Todesfall hatte man dem *Lar* ein Opfer darzubringen, wobei bei einem Todesfall der *Lar* ein blutiges Sühneopfer erhielt.[19]

Sollte von den Speisen etwas zu Boden fallen, so musste dies scheinbar am Herd als Opfer für den *Lar* verbrannt werden.[20]

## 2.3. Di Penates

Das Wort *Penates* ist ein Pluraladjektiv, also ein Sammelbegriff für eine bestimmte Kategorie von Göttern, die durch *Penates* näher bestimmt sind.[21] Die antike Etymologie leitet das Wort vom Wort „penus – Vorrat" her,[22] weshalb sie lange als Götter des Vorrates angesehen

---

[12] Dion. Hal. IV 14, 3-4; vgl. Udo W. Scholz: DNP 3III Sp. 110.
[13] Cat. agr. VII/ 5, 3: „*Ein Opfer bringe er nur am Compitalienfest am Kreuzweg dar oder am Hausherd.*" (ÜS. H. Froesch).
[14] Cic. Att. VII 7, 3.
[15] Plaut. aul. I, 1.
[16] Cat. agr. II 1.
[17] Wissowa, 1902 S.168.
[18] Kurt Latte: Römische Religionsgeschichte. *HbdA* 5.4., München, 1960, S. 97.
[19] Cic. leg. II 55-56.
[20] Plin. nat. hist. XXVIII 27-28.
[21] Stefan Weinstock: *RE* XIX 1 (1937) Sp. 417-457 s.v. Penates (Di): Götter des römischen Hauses und der Heimat. Sp. 418-419; Vgl. Gerhard Radke: Die dei Penates und Vesta in Rom. In: Hildegard Temporini, Wolfgang Haase (Hrsgg.): *ANRW. Teil II: Principat. 17.1.*, Berlin 1981, S. 355.
[22] S.d. Radke, 1981 S. 356-357.

wurden.[23] Jedoch ist die Deutung als dem *pater familias* zugehörige (Schutz-)Götter des gesamten Hauses wohl richtiger.[24] Neben den *di penates* gab es in Rom noch den Kult der *di penates publici*[25] und den Kult der Penates von Lavinium[26] deren Kultfeste von den Magistraten zelebriert wurden.

In der religiösen Praxis können wir aber feststellen, dass die *Lares* und die *di penates* des Hauses oftmals vermengt und quasi als zwei Seiten einer Medaille angesehen wurden.[27] Neben den regulären Opfern stand es jedem frei aus gegebenem, persönlichem Anlass den *Lares* und den *di Penates* Weihungen darzubringen.[28] So wurden unter anderem z. B. laut einer Inschrift den *Lares* eine Kapelle geweiht,[29] oder es wurde in Inschriften festgehalten, dass man sein Gelübde erfüllt hat und eine Gabe gegeben habe,[30] oder aber man kann weiteren Inschriften entnehmen, dass einem die Penaten geneigt sein müssten, da man einen Ort nicht entweiht hat.[31]

### 2.4. Genius und Juno

> *„Der Genius ist ein Gott, in dessen Schutz jeder lebt, sobald er gezeugt wird – sei es, weil er dafür sorgt, dass wir gezeugt werden, sei es weil er selbst gleichzeitig mit uns gezeugt wird, oder sei es, weil er uns als Gezeugte übernimmt und beschützt, heißt er sicher nach dem (lateinischen) Worte geno („zeugen") Genius."* Censorinus II 3, (ÜS K. Brodersen)

Die Römer glaubten also, dass jedem Menschen eine solche göttliche Kraft (zumeist als Zeugungskraft verstanden) innewohnt, wobei der Genius dem Manne, die Juno der Frau

---

[23] So Latte, 1961 S. 89.
[24] Weinstock, 1937 Sp. 420-421; vgl. Radke, 1981 S. 354.
[25] S.d. Radke, 1981 S. 394-353.
[26] S.d. Radke, 1981 S. 345-349.
[27] Vgl. Weinstock, 1937 Sp. 425.
[28] CIL VI 3684/30883 Genio / M(arci) Livi Euni l(iberti) / Olymphi / fecit / Livia Irene / patrono / [ „Dem Genius des Marcus Livius Olymphus, Freigelassener des Eunus machte Livia Irene. PATRONO."; CIL VI 30991 Di{i}s deabus / Penatibus / Familiaribus / et Iovi ceteris/(q)ue di{i}bus „Den Göttern und Göttinnen, den häuslichen Penaten und Iuppiter und den übrigen Göttern." (für alle ÜS W. Kumpitsch).
[29] CIL II 1980 CC(ais) n(ostris) / Suavis l(ibertus) et / Faustus vilic(us) Lar(es) et Genium / cum aedicula primi in familia d(e) s(uo) d(onum) d(ant) „Unseren Gaii geben Suavis, der Freigelassene, und Faustus, der vilicus, die Laren und den Genius mit dieser Kapelle, als erste in der Hausgemeinschaft, von sich aus als Geschenk." (ÜS W. Kumpitsch).
[30] CIL XI 1324 Iunoni Iusta[e] / n(ostrae) / voto suscepto / pro salute eius / Cleanthus l(ibertus) / Prixus Helle / Lar(ibus) d(onum) d(ant) „Der Iuno unserer Iusta, nachdem [sie] das Gelübde zu seinem Wohl übernommen haben, geben Cleanthus, der Freigelassene, Prixus [und] Helle den Laren das Geschenk."; CIL XI 1920 T(itus) Annius L(uci) f(ilius) Larg<u=I>s / Dibus Penatibus / ob rem militarem / votum solvit l(ibens) m(erito) „Titus Annius Largus Sohn des Lucius. Den göttlichen Penaten, wegen der militärischen Angelegenheit, das Gelübde mit Freuden und nach Verdienst erfüllt." (ÜS W. Kumpitsch).
[31] CIL XI 1286 Ita mihi deos Penates / propitios ut ego hoc / mon<u=I>mentum / non violabo „So seid mir göttliche Penaten geneigt, wenn ich dieses Grabmal nicht entweihe." (ÜS W. Kumpitsch).

zugehörig ist. Bemerkenswert ist, dass selbst Götter als in Besitz eines Genius/einer Juno geglaubt wurden.[32]

Natürlich musste der eigene Genius, die eigene Juno verehrt werden, was jedes Mal durch ein Trankopfer am Geburtstag zu geschehen hatte.[33] Besondere Bedeutung im Hauskult hatte der Genius des *pater familias* und die Juno seiner Frau.[34] Wie folgendes Beispiel zeigt, war die Zuteilung Genius – Juno, ja sogar der Unterschied zu anderen Schutzgöttern, in der Antike aber nicht in Stein gemeißelt:

> *„Dass Genius und Lar identisch sind, haben viele alte Gelehrte überliefert, darunter auch Granius Flaccus, in einem Buch, das er für (Gaius Iulius) Caesar De indigitamentis („Über Anrufungsformeln") geschrieben und hinterlasen hat.*
> *Dass dieser Gott über uns die größte, ja sogar alle Gewalt habe, hat man geglaubt.*
> *Dass man je zwei Genien – jedenfalls in den Häusern, in denen Ehepaare wohnen – verehren müsse, haben einige Gelehrte geglaubt."* Censorinus II 3, (ÜS K. Brodersen)

Im Lararium waren Genius und Juno zumeist als gemalte Schlangen vertreten, wobei in der Forschung die Schlange mit einem Kamm als Genius, die Schlange ohne Kamm als Juno interpretiert wird.[35]

Die *familia* schwor sogar beim Genius ihres Herrn und brachte ihm Opfer dar.[36]

In der späten Republik und weiterführend in der Kaiserzeit wurde der Genius vom einzelnen Menschen insofern abgekoppelt, als auch Orte, Truppen und Vereine einen eigenen Genius hatten.[37] Außerdem bildete der Genius des Kaisers den Anknüpfungspunkt im westlichen Kaiserkult.

## 2.5. Ahnen: di parentes/divi parentum, dis manibus

> *„Aber auch die Totenfeste, die ihren Namen vom Tod her haben, weil sie für die Verstorbenen gefeiert werden, würden nicht genauso wie die Ruhetage zu Ehren der übrigen Götter als Feiertage bezeichnet, wenn unsere Vorfahren nicht die Auffassung vertreten hätten, daß diejenigen, die aus dem irdischen Leben geschieden sind, zu den Göttern gehörten."* Cic. leg. II 55 (ÜS R. Nickl)

Wäre nur diese Stelle von Cicero über den römischen Totenkult erhalten, könnte man meinen, dass in Rom ein jeder Tote zu einer Gottheit geworden wäre, an die man sich mit Bitten wenden konnte. Denn bei „Gott" denken wir automatisch an ein Wesen mit großer Macht,

---

[32] CIL IX 3513; vgl. Wissowa 1902 S. 180-181.
[33] Cens. die nat. II, 1-3
[34] CIL XI 356 *[G]enio / Domnico / Zoila vilic(a)* „Dem Genius Domnicus von Zoila der vilica." (ÜS W. Kumpitsch); vgl. Jörg Rüpke: *Historische Religionswissenschaft. Eine Einführung.* Stuttgart, 2007, S. 78; Wissowa, 1902 S. 176.
[35] Wissowa, 1902 S. 177.
[36] Latte, 1960 S. 103-104.
[37] CIL X 861 *Genio m(unicipii) n(ostri) et / Laribus / duo Diadumeni / liberti* „Dem Genius unseres Municipium und den Laren der beiden Freigelassenen des Diadumenus." (ÜS W. Kumpitsch).

welches bei korrekter Verehrung gewillt wäre Bittgebete zu erfüllen. Tatsächlich waren die Verstorbenen dies nicht wirklich.

Zunächst einmal wurden, mit Ausnahme der vergöttlichten Kaiser, alle Verstorbenen in das Götterkollektiv der *di parentes/divi parentum, dis manibus* aufgenommen (dem widerspricht nicht, dass jede *gens* ihre eigenen Ahnenkult hatte[38]), wodurch es unmöglich war, einen Verstorbenen im Speziellen zu verehren.

Des weiteren gab es in Rom keine Verehrung von Heroen oder Sippengründern, weshalb die Divinisierung verstorbener Kaiser auch einer der großen Unterschiede zur Republik ist.[39]

Außerdem ist die Praxis, den *dis manibus* Weihungen zu stiften, genauso kaiserzeitlichen Ursprungs, als wie von den *dis manibus* zu sprechen. Denn *manes* ist zwar schon für die Republik belegt, wurde hier aber nur im Rahmen von Festaufführungen, bei denen die Toten zwar vorkamen, aber nicht genannt werden durften, verwendet.[40] Die kultische Bezeichnung war *di parentes/divi parentum.*[41]

Neben den obligatorischen Totenriten (Hammelopfer an den *Lar, clamatio, pompa funebris* mit Vorführung der *imagines* und Vortrag *der laudatio funebris*),[42] gab es noch zwei wichtige Totenfeste. Das erste waren die Parentalia, die vom 13. bis zum 21. Februar gefeiert wurden, das andere die Lemuria am 9., 11. und 13. Mai.[43]

Während der Parentalia opferte man an den Gräbern Brot, Salz und Wein und legte dieselben auch am Wegesrand nieder.[44] Ihren Abschluss fand die Parentalia am 21. Februar mit einem öffentlichen Opfer.[45]

Bei der Lemuria, die als *dies nefasti* galten, musste der *pater familias* um Mitternacht barfüßig durch das Haus gehen. Zum Schutz vor den Geistern reinigte er seine Hände, bildete mit Daumen und Zeigefinger einen Ring, warf dann den Geistern schwarze Bohnen zu, wobei er sein Gesicht abwendete und neunmal erklärte, dass er sich und die seinen loskaufe.[46]

---

[38] Egon Flaig: *Ritualisierte Politik: Zeichen, Gesten und Herrschaft im Alten Rom.* Göttingen, 2003, S. 52.
[39] Beard, 1998 S. 31.
[40] Latte, 1960 S. 99-100.
[41] Latte, 1960 S. 98.
[42] Varro l. l. V 23; Dazu Latte, 1960 S. 101; Ulrich Volp: *Tod und Ritual in den christlichen Gemeinden der Antike.* Leiden, 2002, S. 69-77.
[43] Volp, 2002 S. 78.
[44] Ov. fast. 5,429-444 Außerdem sollte man in dieser Zeit nicht heiraten oder den Göttern opfern.
[45] Latte, 1960 S. 98; vgl. Volp, 2002 S. 78-79.
[46] Latte, 1960 S. 99; vgl. Volp, 2002 S. 79.

Von den Totenfesten *rosalia* und *violaria* wissen wir eigentlich nur durch Inschriften die Namen.[47]

Ob die im Atrium aufgestellten *imagines* in der häuslichen Verehrung der *di parentes* eine Rolle gespielt haben, darf aufgrund der oben beschriebenen Kollektivvorstellung der Toten bezweifelt werden. Dass sie einstens von kultischer Bedeutung waren erscheint zwar logisch, aber diese ist im Dunkel der Zeit verloren gegangen, sodass die *imagines* uns nur mehr als Mittel der Familienpropaganda begegnen.[48]

### 2.6. Tutelargottheiten

Neben diesen mehr oder weniger kollektiv gedachten Mächten wurden im Lararium aber auch noch die Schutzgottheiten des *pater familias* verehrt.

Jeder *pater familias* hatte das Recht festzusetzen, welche Gottheiten eine spezielle Verehrung zu erhalten hatte. Meist waren die Tutelargottheiten eine Kombination aus Vesta und Jupiter, Venus, Vulcan, Merkur, Fortuna und Herkules.[49]

# II. Defixiones

## 1. Magie - Religion

Es kann nicht Ziel dieser Arbeit sein, den antiken Religions- und Magiebegriff in all seinen Facetten darzustellen. Es kann daher nur kurze Abrisse der beiden geben.

Das was unserem Magieverständnis am ehesten entspricht ist das *carmen malum*. Von *carmen malum* als Straftat ist in den *12-Tafelgesetzen* die Rede: Unter Strafe gestellt wurde das Singen eines Liedes üblen Inhaltes auf jemanden, die Behexung der Ernte anderer, um deren Ertrag verschwinden zu lassen bzw. auf das eigene Feld zu überführen.[50]

Die Worte *magus* und *magia* erscheinen im Lateinischen erstmals bei Cicero und Catull. Sie werden aber als ethnographische Bezeichnung für die persischen Priester gebraucht, erst Vergil verwendet *magicus* als Adjektiv zur Beschreibung magischer Riten.[51] Im weiteren Verlauf der Herrschaft des Augustus wird *magicus* zur Bezeichnung für den Zauberer.[52]

---

[47] Volp, 2002 S. 80.
[48] Flaig, 2003 S. 51-74; vgl. Latte, 1960 S. 101.
[49] Wissowa, 1902 S. 163.
[50] Plin. nat. hist. XVIII 41-43 berichtet von einem Prozess wegen "Heraussingens"; vgl. Fritz Graf: *Gottesnähe und Schadenstauber: die Magie in der griechisch-römischen Antike*. München, 1996 S. 41-42.
[51] Graf, 1996, S. 37-38.
[52] Graf, 1996, S. 41, 47.

Ab julisch-claudischer Zeit umfasst *magia* Medizin, Religiosität und Astrologie und ist nur mehr marginal mit den magischen Komponenten des *veneficium* verbunden.[53] *Veneficium*, bezeichnet nicht nur die Verwendung von giftigen Mitteln, sondern auch von Liebestränken und diversen magischen Ritualen, wie etwa Herstellung von Defixiones.[54]

Die *lex Cornelia de sicariis et veneficis* spricht von *venena mala*, es muss also vergleichbar dem *carmen malum* auch erlaubte *venena* gegeben haben. Das heißt, dass es eines präzisierenden Adjektivs bedurfte, um den Zweck eines venenum zu definieren.[55]

Durch die *lex Cornelia* wurde das Verabreichen, Zubereiten, Verkaufen, Kaufen und bei sich tragen von *venena mala* unter Strafe gestellt.[56] *Veneficium* bezeichnet also jede Art des Mordens ohne Waffeneinwirkung, ergo Giftmord und Tötung durch Schadenszauber.[57] Das, was wir als Schadenszauber verstehen wird in der Spätantike vollends dem *venificium* zugerechnet.[58] Dieser Inhaltswandel ist vermutlich das Resultat der griechischen und orientalischen Einflüsse.[59]

Religion, sprich *religio*, wird von Cicero auf *relegere* "wieder lesen, wieder durchgehen, überdenken" zurückgeführt,[60] wodurch die Beachtung und folglich auch die Beschäftigung der Kultvorschriften in den Mittelpunkt gerückt wird, was Cicero als *Götterverehrung*[61] bezeichnet. Das den Vorschriften des *Götterverehrung* entsprechende Handeln wird von Cicero als *pietas*, alles über das Maß hinausgehende als *superstitio* (Aberglaube; übertriebene Gottesfurcht) bezeichnet.[62]

## 2. Defixion

Das Wort Defixion stammt vom lateinischen *defigere* was soviel wie "festbinden, durchbohren, hineinschlagen" bedeutet und wird in die Kategorie des Schadens- genauer des Bindezaubers gerechnet und unterliegt somit der *lex Cornelia*. Ziel einer Defixion ist es, eine

---

[53] Plin. nat. XXX 2; vgl. Graf, 1996, S. 48.
[54] Graf, 1996 S. 45.
[55] Graf 1996 S. 46; vgl. Sarah Lengheim: *Täterinnen: mörderisch heilend: die Giftmischerinnen im römischen Recht.* Graz, 2003, S. 18.
[56] Lengheim 2003 S. 18; vgl. Romina, Schiavone: Vergehen gegen die Götter – Religiöse Delikte, in: Marcus Reuter, Romina Schiavone (Hrsgg.): *Gefährliches Pflaster : Kriminalität im Römischen Reich.* Mainz am Rhein, 2011 S. 141
[57] Graf 1996 S. 46-47
[58] Lengheim, 2003 S. 21-22.
[59] Graf, 1996 S. 49.
[60] Cic. nat. II,72.
[61] Cic. nat. II,8.
[62] Cic. nat. I,45; 117; zur Problematik der Begriffe siehe Rüpke, 2007 S. 79.

Person für eine bestimmte Handlung, in einer bestimmten Situation handlungsunfähig zu machen.[63]

Die Praxis der Defixion selbst ist erstmals im 5. Jhdt. v. Chr. in Attika und der Magna Graecia in Form von Fluchtäfelchen (*defixionum teballae*) feststellbar und wird dort als κατάδεσμοσ bezeichnet.[64] Die älteste bekannte lateinische Defixion stammt aus dem 2. Jhdt. v. Chr. und wurde in einem samnitisch-römischen Grab nahe Pompeji gefunden.[65]

Die Defixiones lassen sich in vier Kategorien, manchmal mit eigenen Unterkategorien, aufteilen. Diese Kategorien sind: Gerichtsdefixiones, Liebes-/Rivalitätsdefixiones, Sportdefixiones, die sich wiederum in Zirkus-, Gladiatoren- und Jagddefixiones aufteilen und die Sonderform: Gebete um Gerechtigkeit.[66]

Bereits seit dem 3. Jhdt. v. Chr. ist die Übernahme gewisser Phrasen in die Defixion nachweisbar.[67] Ein gutes Beispiel für eine Mischform aus Gebet um Gerechtigkeit und klassischer Defixion sind die Mainzer Fluchtäfelchen aus dem Magna Mater- und Isisheiligtum.[68] Diese Funde sind religionshistorisch umso wichtiger, als sie die "Erhebung" Attis in den Götterstand bereits ins 1. Jhdt. n. Chr. datieren!

## 2.1. Typische Elemente einer Defixion

1. Bleitäfelchen als Trägermaterial.[69]

2. Die Deponierung an einem Ort mit Bezug zur Unterwelt (Gräber, am besten kürzlich und jung Verstorbener[70], Brunnen[71], im Sand von Rennbahnen und Amphitheatern[72] und am Schwierigsten unter der Türschwelle, oder in Wänden des Hauses des Opfers).[73]

---

[63] Jan Treml: *Magica agonistica: Fluchtafeln im antiken Sport*. Hildesheim, 2004, S. 23.
[64] Karl Preisendanz: *RIC* 8 (1972) Sp. 18 s.v. Fluchtafel (Defixion); vgl. Richard Wünsch: *Antike Fluchtafeln*. Bonn, ²1912, S. 3.
[65] Amina Kropp: *Magische Sprachverwendung in vulgärlateinischen Fluchtafeln (defixiones)*. Tübingen, 2008, S. 45.
[66] S.d. Treml, 2004 S. 25.
[67] Hendrik Versnel: *Fluch und Gebet - magische Manipulation versus religiöses Flehen?*: *Religionsgeschichtliche und hermeneutische Betrachtungen über antike Fluchtafeln*. Berlin, 2009, S. 42-43.
[68] S.d. Jürgen Blänsdorf: "Guter heiliger Atthis": Eine Fluchtafel aus dem Mainzer Isis- und Magna Mater Heiligtum. (Inv.-Nr. 201 B 36).in: Kai Brodersen, Amina Kropp (Hrsgg): *Fluchtafeln. Neue Funde und neue Deutungen zum antiken Schadenszauber*. Frankfurt am Main, 2004. S. 59-68; vgl. Markus Scholz und Amina Kropp: "Priscilla, die Verräterin" Eine Fluchtafel mit Rachegebet aus Groß-Gerau. in: Kai Brodersen, Amina Kropp (Hrsgg): *Fluchtafeln. Neue Funde und neue Deutungen zum antiken Schadenszauber*. Frankfurt am Main, 2004. S. 33-40; vgl. Marion Witteyer: Verborgene Wünsche: Befunde antiken Schadenszaubers aus Mogontiacum-Mainz. in: Kai Brodersen, Amina Kropp (Hrsgg): *Fluchtafeln. Neue Funde und neue Deutungen zum antiken Schadenszauber*. Frankfurt am Main, 2004, S. 41-50.
[69] Was aber nicht ausschließt, dass nicht auch andere, vergänglichere, Materialien als Textträger verwendet wurden, wie die PGM aus Ägypten beweisen. vgl. dazu Treml, 2004. S. 37.
[70] Treml, 2004 S. 26.

3. Anrufung chthonischer (unterirdischer) Gottheiten oder synkretistischer[74] Dämonen (meist aus dem Orient stammend) als Ausführer der Tat.[75]

4. Anonymität des Verfluchers (Ausnahme Gebete um Gerechtigkeit).[76]

5. Meist Identifizierung des Opfers durch Nennung des Mutternamens, nicht den des Vaters.[77]

6. Relativ detaillierte Beschreibung, welche Auswirkungen auf welche Körperteile gewünscht wird.[78]

7. Verunklärung des Inhaltes durch Wahl eines ungewöhnlichen Schriftmodus oder Schriftrichtung (unter anderem Schreiben in Spiegelschrift, Umdrehen der Buchstaben, Verwendung lateinischer/griechischer Buchstaben bei griechischer/lateinischer Sprache, aber auch Kombinationen davon).[79]

8. Verwendung sog. *formulae defigendi*,[80] des Imperatives, sog. *voces magicae* ("magische" Wörter die keine übersetzbare Bedeutung haben, vgl. Akabadabra), Zauberpuppen und Zeichnungen.[81]

9. Das Zusammenfalten der Täfelchen und das Durchschlagen mit einem Nagel (=defigere).[82]

## 2.2. Herstellung einer Defixion

Da die Herstellung einer Defixion einerseits sehr aufwändig sein konnte, andererseits man bei Unterlaufen eines Fehlers mit einer Rückkoppelung auf den Verflucher rechnen musste, wurden meist Spezialisten mit der Anfertigung beauftragt.[83]

Es ist anzunehmen, da der Schadenszauber ja eine strafbare Handlung war[84], dass die Hersteller von Defixiones dies unter der Hand taten und ihren Lebensunterhalt hauptsächlich

---

[71] Christian Karst: *Puteus altissimus: Brunnen und Schächte im römischen Britannien, Gallien und Germanien als religiös markierte Orte*. Rhaden/Westf., 2016, S. 64-65; vgl. Amina Kropp: *defixiones. Ein aktuelles Corpus lateinischer Fluchtafeln*. Speyer, 2008, S. 5.
[72] Treml, 2004 S. 26.
[73] Tac. ann. II 69, 3; vgl. Kropp, *Sprachverwendung*, 2008 S. 93; vgl. Witteyer, 2004 S. 45.
[74] Als Synkretismus wird in der Ägyptologie die Verschmelzung von mindestens zwei Göttern ähnlichem Charakters zu einer neuen Gottheit bezeichnet. z.B. Jupiter-Dolichenus (Jupiter + Ba´al von Dolichen) oder Serapis (Osiris + Apis-Stier + Zeus + Hades).
[75] Treml, 2004 S. 24; Wünsch, 1912 S. 3-4.
[76] Treml, 2004 S. 23-24;
[77] Amina Kropp: „ … Dann trag das Bleitäfelchen weg ans Grab eines vorzeitig Verstorbenen" antike Fluchtafeln als Textträger und Ritualobjekte. in: Annette Kehnel (Hrsg.): *Schriftträger - Textträger: zur materialen Präsenz des Geschriebenen in frühen Gesellschaften ; [Internationales Kolloquium Textträger/Schriftträger, das im Sommersemester 2010 am Altertumswissenschaftlichen Kolleg der Universität Heidelberg stattfand]*. Berlin, 2015. S. 85.
[78] Versnel, 2009, S. 11-12.
[79] S.d. Roger S. O. Tomlin: "carta picta perscripta" Anleitung zum Lesen von Fluchtafeln. in: Kai Brodersen, Amina Kropp (Hrsgg): *Fluchtafeln. Neue Funde und neue Deutungen zum antiken Schadenszauber*. Frankfurt am Main, 2004. S. 19-27; vgl. Kropp 2008, *Sprachverwendung*, S. 85-86.
[80] S.d. Kropp, *Sprachverwendung*, 2008 S. 134; zu den einzelnen Unterkategorien siehe ebd. S. 144-167.
[81] Kropp, *Sprachverwendung*, 2008, S.86; vgl. Treml, 2004 S. 45; vgl. Witteyer, 2004. S. 42-47.
[82] Tomlin, 2004 S. 16-18; vgl. Treml, 2008 S. 37-28.
[83] Kropp, 2008, *Sprachverwendung*, S. 53-55.

mit dem Verkauf harmloserer Produkte (vermutlich werden die meisten als Hersteller von Liebes- und Schutzmittelchen, als Wahrsager und ähnlichem tätig gewesen sein) bestritten.[85]

Neben diesen „Fachkräften" gab es natürlich auch mehr oder weniger fähige Amateure, die sich die Dienste der ersteren nicht leisten konnten/wollten oder "Magie" einfach als Steckenpferd hatten (etwa so wie in der feinen Gesellschaft des 19. Jhdts. der Okkultismus ein beliebtes Hobby war).[86] Die Existenz von Amateuren ist aber nur dann wirklich denkbar, wenn es verschriftlichtes Wissen über die Anfertigung einer Defixion gegeben hat. Die Funde von Defixiones mit Kopierfehlern, aber auch die Anleitungen in den PGM lassen die Existenz von Musterbeispielen für "magische" Handlungen und Formeln als gesichert erscheinen.[87]

Bei den Defixionstäfelchen selbst ist es beinahe unmöglich, zwischen Spezialist oder Amateur unterscheiden zu können, sofern nicht Zauberzeichen und/oder *voces magicae* zum Einsatz kommen[88] - und selbst dann besteht theoretisch die Möglichkeit, es mit dem Werk eines fähigen Amateurs zu tun zu haben - oder zwei Handschriften nachgewiesen werden können[89].

## 2.3. Gebet um Gerechtigkeit

Die ersten Belege dieser Sonderform der Defixion findet sich in Knidos. Dort wurden im Demeter- und Persephonestempel zwischen 300 - 100 v. Chr. die ersten bekannten Texte dieser Art gefunden.[90]

Der größte Unterschied zu den übrigen Defixionskategorien ist der, dass wie in einer *enteuxis* (Bitte eines Schutzflehenden an eine Person der Obrigkeit) der Verfasser sich namentlich nennt und eine höchst emotionale Rechtfertigung für das Verfassen der Tafel gegeben wird. Der Verfasser sieht sich durch eine oder mehrere ihm bekannte oder unbekannte Personen ins Unrecht gesetzt und wendet sich mit der Bitte an eine Gottheit des offiziellen Pantheons, für Gerechtigkeit zu sorgen. Damit verbunden ist oftmals die Klausel unter welchen Bedingungen die Gottheit die Verfolgung des/der "Schuldigen" einstellen kann, sowie das Versprechen einer Belohnung.[91]

---

[84] Amm. Marc. XIX 12, 14 berichtet von Exekutionen, weil man in der Dämmerung an einem Grab vorbeiging!
[85] Kropp, 2008, *Sprachverwendung*, S. 52-53; vgl. Versnel, 2009 S. 41-42.
[86] Kropp, 2008, *Sprachverwendung*, S. 53-54.
[87] Kropp, 2008, *Sprachverwendung*, S. 55-57.
[88] Kropp, 2008, *Sprachverwendung*, S. 55; vgl. Karst, 2016 S. 61.
[89] Kropp, 2008, *Sprachverwendung*, S. 54; vgl. Tomlin, 2004 S. 24.
[90] Versnel, 2009 S. 14.
[91] S.d. Markus Scholz: Verdammter Dieb – Kleinkriminalität im Spiegel von Fluchtäfelchen. in: Reuter Marcus, Romina Schiavone (Hrsgg.): *Gefährliches Pflaster: Kriminalität im Römischen Reich*. Mainz am Rhein, 2011, S. 89-95; vgl. Versnel, 2009 S. 22-24.

Deponiert wurde das Täfelchen dann im (lokalen) Heiligtum der angerufenen Gottheit. Dieser juristische Charakter darf aber nicht darüber hinwegtäuschen, dass es sich hier letzten Endes um eine Verfluchung handelt. Vor allem die aus Britannien stammenden, nach einem Diebstahl verfassten Täfelchen, fordern Strafen, die nicht wirklich in Relation zum verursachten Schaden stehen![92]

Dennoch legen sowohl der Ort der Deponierung, die angerufenen Gottheiten, als auch die selbstverständliche Nennung des eigenen Namens den Schluss nahe, dass weder die Verfasser, noch das soziale Umfeld hierin eine verwerfliche Tat sahen.[93] Ganz anders bei den übrigen Defixionskategorien, in denen neben der Anrufung von Dämonen vor allem Heimlichkeit und Anonymität charakteristisch sind![94]

# Resümee

Wenn wir die einzelnen Elemente des Hauskultes betrachten so wird deutlich, dass zwar bei jedem die Riten für die Hausgemeinschaft selbst ohne Teilnahme fremder Personen, ausgelegt sind, dass es aber genügend Anknüpfungspunkte an die Öffentlichkeit (seien es nun Weiheinschriften, zu welchen Anlässen man etwas zu tun hatte) gibt, sodass man guten Gewissens die Existenz einer in unserem Sinne Privatreligion, zumindest in diesem Bereich, verneinen kann.

Es ist daher wesentlich sinnvoller von begrenzter Öffentlichkeit zu sprechen. Eine wirkliche Privatangelegenheit stellen einzig die Defixiones dar. Diese wiederum gehören, mit Ausnahme der Gebete um Gerechtigkeit, nach antikem Verständnis keinesfalls in die Sphäre von Religion.

In seiner Apologie beschreibt Apuleius den Idealtypus eines Gottlosen:

> *Er hat noch nie einem Gott Bitt- oder Dankgebete dargebracht, er hat noch nie einen Tempel aufgesucht, und sollte er an einem Heiligtum vorbeikommen, würde er es für einen Frevel halten, zum Zeichen der Anbetung die Hand zu den Lippen zu führen. Ein solcher Mann opfert den Göttern der Ländereien, die ihn nähren und kleiden, auch niemals die Erstlinge seiner Felder, seiner Weinberge oder seiner Herde. Auf seinem Landgut gibt es weder ein Heiligtum noch einen geweihten Ort oder Hain.* Apul. apol. 56,4f (ÜS J. Hammerstaedt)

und zeigt dabei gleichzeitig auf, wie ein gottesfürchtiger, durchschnittlicher Römer in den Augen seiner Mitmenschen im Privaten zu leben hatte.

---

[92] Scholz, 2011, S. 92.
[93] Scholz, 2011 S. 94; vgl. Versnel, 2009 S. 24-25.
[94] Versnel, 2009 S. 12.

# Bibliographie

## Quellen

Corpus Inscriptiones Latinarum. Berlin, 1863-.

Amina Kropp: *Defixiones: dfx ; ein aktuelles Corpus lateinischer Fluchtafeln.* Speyer, 2008.

Karl Preisendanz: *Papyri Greacae Magicae.* 2 Bändig, Leipzig, 1973-74[2].

Richard Wünsch: *Antike Fluchtafeln.* Bonn, [2]1912.

Apuleius: *De magia.* Übersetzt von Jürgen Hammerstaedt, Darmstadt, 2002.

Marcus Porcius Cato: *De agricultura. Über die Landwirtschaft.* Übersetzt und Herausgegeben von Hartmut Froesch, Stuttgart, 2009.

Censorinus: *Über den Geburtstag.* Lateinisch und deutsch von Kai Brodersen. Darmstadt, 2012.

Marcus Tullius Cicero: *Sämtliche Reden: Ausgabe in sieben Bänden.* Eingeleitet, übersetzt und erläutert von Manfred Fuhrmann, Zürich, 1970-1982.

Marcus Tullius Cicero: *De legibus. Paradoxa Stoicorum = Stoische Paradoxien.* Herausgegeben, übersetzt und erläutert von Rainer Nickl, München, 1994.

Marcus Tullius Cicero: *De natura deorum. Über das Wesen der Götter.* Lateinisch und deutsch. Übersetzt und herausgegeben von Ursula Blank-Sangmeister, Stuttgart, 2011.

Dionysios von Halikarnassos: *The Roman antiquities of Dionysius of Halicarnassus : in seven volumes. II.* Text by Edward Spelman, translation by Cary Earnest, London, 1993.

Ammianus Marcellinus: *Res gestae. In three volumes. I.* Translation by John Carew Rolfe. London, 1950.

Titus Maccius Plautus: *Aulularia.* Übersetzt und herausgegeben von Herbert Rädle, Stuttgart, 1978.

Gaius Plinius Secundus der Ältere: *Naturkunde.* Herausgegeben und Übersetzt von Roderich König München, 1985.

Publius Ovidus Naso: *Fasti. in: Die Fasten. 1. Einleitung, Text und Übersetzung.* Herausgegeben, übersetzt und kommentiert von Franz Bömer, Heidelberg, 1957.

Publius Cornelius Tacitus: *Annales.* Lateinisch und deutsch. Herausgegeben von Erich Heller, München, 1982.

Marcus Terentius Varro: *De lingua Latina. in: On the Latin language – in two volumes.* With an english translation by Roland G. Kent, London, [4]1977.

## Literatur

Mary Beard; John North ; Simon Price: *Religions of Rome. 2. A sourcebook.* Camebridge, 1998.

Jürgen Blänsdorf: "Guter heiliger Atthis": Eine Fluchtafel aus dem Mainzer Isis- und Magna Mater Heiligtum. (Inv.-Nr. 201 B 36).in: Kai Brodersen, Amina Kropp (Hrsgg): *Fluchtafeln. Neue Funde und neue Deutungen zum antiken Schadenszauber.* Frankfurt am Main, 2004. S. 59-68.

Egon Flaig: Ritualisierte Politik: *Zeichen, Gesten und Herrschaft im Alten Rom.* Göttingen, 2003.

Fritz, Graf: *Gottesnähe und Schadenstauber: die Magie in der griechisch-römischen Antike.* München, 1996.

Christoph Höcker: *DNP* VI (1999) Sp. 1145- s.v. Lararium.

Christian Karst: *Puteus altissimus : Brunnen und Schächte im römischen Britannien, Gallien und Germanien als religiös markierte Orte.* Rhaden/Westf., 2016.

Amina Kropp: *Magische Sprachverwendung in vulgärlateinischen Fluchtafeln (defixiones).* Thübingen, 2008.

Amina Kropp: „ … Dann trag das Bleitäfelchen weg ans Grab eines vorzeitig Verstorbenen" antike Fluchtafeln als Textträger und Ritualobjekte. in: Annette Kehnel (Hrsg.): *Schriftträger - Textträger: zur materialen Präsenz des Geschriebenen in frühen Gesellschaften; [Internationales Kolloquium Textträger/Schriftträger, das im Sommersemester 2010 am Altertumswissenschaftlichen Kolleg der Universität Heidelberg stattfand].* Berlin, 2015. S. 73-102.

Kurt Latte: Römische Religionsgeschichte. in: Hermann Bengston (Hrsg.): *HbdA* Fünfte Abteilung, vierter Teil. München, 1960.

Sarah Lengheim: *Täterinnen : mörderisch heilend: die Giftmischerinnen im römischen Recht.* Graz, 2003.

Gerhard Radke: Die *dei Penates* und Vesta in Rom. In: Hildegard Temporini, Wolfgang Haase (Hrsgg.): *Aufstieg und Niedergang der Römischen Welt. Geschichte und Kultur Roms im Spiegel der neueren Forschung. Teil II: Principat. Siebzehnter Band (1. Teilband). Religion (Heidentum: Römische Götterkulte, Orientalische Kulte in der römischen Welt)* Berlin 1981, S. 343-373.

Jörg Rüpke: *Historische Religionswissenschaft. Eine Einführung.* Stuttgart, 2007.

Romina, Schiavone: Vergehen gegen die Götter – Religiöse Delikte, in: Marcus Reuter, Romina Schiavone (Hrsgg.): *Gefährliches Pflaster : Kriminalität im Römischen Reich.* Mainz am Rhein, 2011 S. 130-146.

Markus Scholz und Amina Kropp: "Priscilla, die Verräterin" Eine Fluchtafel mit Rachegebet aus Groß-Gerau. in: Kai Brodersen, Amina Kropp (Hrsgg): *Fluchtafeln. Neue Funde und neue Deutungen zum antiken Schadenszauber.* Frankfurt am Main, 2004. S. 33-40.

Markus Scholz: Verdammter Dieb – Kleinkriminalität im Spiegel von Fluchtäfelchen. in: Reuter Marcus, Romina Schiavone (Hrsgg.): *Gefährliches Pflaster: Kriminalität im Römischen Reich.* Mainz am Rhein, 2011, S. 89- 107.

Udo Werner Scholz: *DNP* III (2007) Sp. 110-112, s.v. Compitalia.

Jan Treml: *Magica agonistica: Fluchtafeln im antiken Sport.* Hildesheim, 2004.

Roger S. O. Tomlin: "carta picta perscripta" Anleitung zum Lesen von Fluchtafeln. in: Kai Brodersen, Amina Kropp (Hrsgg): *Fluchtafeln. Neue Funde und neue Deutungen zum antiken Schadenszauber.* Frankfurt am Main, 2004. S.11-30.

Hendrik Versnel: *Fluch und Gebet - magische Manipulation versus religiöses Flehen?:* *Religionsgeschichtliche und hermeneutische Betrachtungen über antike Fluchtafeln.* Berlin, 2009.

Ulrich Volp: *Tod und Ritual in den christlichen Gemeinden der Antike.* Leiden, 2002.

Stefan Weinstock: *RE* XIX 1 (1937) Sp. 417-457 s.v. Penates (Di): Götter des römischen Hauses und der Heimat.

Georg Wissowa: Religion und Kultus der Römer. in: *HdbA* Fünfte Abteilung vierter Teil. München, [2]1912.

Marion Witteyer: Verborgene Wünsche: Befunde antiken Schadenszaubers aus Mogontiacum-Mainz. in: Kai Brodersen, Amina Kropp (Hrsgg): *Fluchtafeln. Neue Funde und neue Deutungen zum antiken Schadenszauber.* Frankfurt am Main, 2004. S. 41-50.

# BEI GRIN MACHT SICH IHR WISSEN BEZAHLT

- Wir veröffentlichen Ihre Hausarbeit,
  Bachelor- und Masterarbeit

- Ihr eigenes eBook und Buch -
  weltweit in allen wichtigen Shops

- Verdienen Sie an jedem Verkauf

## Jetzt bei www.GRIN.com hochladen und kostenlos publizieren